Kinder der Welt

In der gleichen Reihe sind bisher erschienen:

Wir leben in Indien
Wir leben in China
Wir leben in Südafrika
Wir leben in Brasilien
Wir leben in Japan
Wir leben in Russland
Rahel lebt in Israel, Nasser im Westjordanland
Wir leben im Iran
Wir leben in den USA
Wir leben in Indonesien
Wir leben in Kanada
Wir leben im Libanon
Wir leben in Australien

Kinder der Welt

Wir leben in Australien

Annie Langlois

Illustrationen von Sophie Duffet

Aus dem Französischen von Regina Enderle

KNESEBECK

PAZIFISCHER OZEAN
Darwin
Alice Springs
Brisbane
Perth
Adelaide
Sydney
Canberra
Melbourne
INDISCHER OZEAN
TASMANIEN
AUSTRALIA
eat
AUSTRALIA 6c

Australien stellt sich vor

Australien ist der kleinste Kontinent der Welt und gleichzeitig eine riesige Insel – die größte Insel auf der Erde. Sie liegt auf der Südhalbkugel zwischen dem Indischen und dem Pazifischen Ozean. Neben der Hauptinsel gehören auch viele kleinere Inseln zum Land. Die größte dieser Inseln heißt Tasmanien.

Fläche: 7 692 300 km^2 (über 21-mal so groß wie Deutschland).

Bevölkerung: 21 144 000 Einwohner (Schätzung aus dem Jahr 2007). Die meisten Australier sind europäischer Abstammung. Nur 2 Prozent sind Aborigines; dies sind die Ureinwohner Australiens, die seit Jahrtausenden hier leben. Die Bevölkerungsdichte ist mit 2,47 Einwohnern pro km^2 sehr gering; in Deutschland leben zum Vergleich 231 Menschen pro km^2 – knapp 100-mal so viel. Die meisten Australier wohnen in den großen Städten, die nahezu alle an oder nahe der 36 735 km langen Küste liegen.

Sprache: Amtssprache ist australisches Englisch, eine Sonderform des britischen Englisch. Hinzu kommen etwa 20 noch heute verwendete Eingeborenensprachen, die aber nur noch 10 Prozent der Aborigines sprechen können.

Daneben gibt es noch die Sprachen der zahlreichen Einwanderer: Griechisch, Italienisch und Chinesisch.

Religion: Es gibt keine Staatsreligion, und die australische Verfassung garantiert Religionsfreiheit. Die Mehrheit der Australier sind Christen – Katholiken oder Anglikaner. Die Aborigines haben ihre eigenen Glaubensvorstellungen, die man als *Dreaming* – zu Deutsch »Traumzeit« – bezeichnet.

Städte: Sydney und Melbourne sind mit 4 und 3,5 Millionen Einwohnern die größten Städte Australiens. Canberra ist zwar die Hauptstadt Australiens, zählt aber nur 323 056 Einwohner.

Australien ist in sechs Bundesstaaten und zwei Territorien gegliedert. Das Land wird als eine parlamentarisch-demokratische Monarchie geführt. Die Königin von England, Elisabeth II., ist Staatsoberhaupt. Dies ist ein Zeichen für die historisch engen Beziehungen zwischen den beiden Ländern. Der australische Premierminister wird von den australischen Bürgern direkt gewählt. Als Regierungschef ist er die mächtigste Person im Land.

Die Geschichte

Die ersten Einwohner Australiens kamen vermutlich vor ungefähr 70000 Jahren von Südostasien nach Australien. Sie verließen ihre überbevölkerte Heimat und überquerten die Timorsee auf Flößen. In jener Zeit war der Meeresspiegel wesentlich niedriger als heute. Als der Meeresspiegel nach dem Ende der Eiszeit, vor 14000 Jahren, anstieg, war Australien vom Rest der Welt abgeschnitten. Es blieb isoliert, bis die Engländer Ende des 18. Jahrhunderts an seiner Küste landeten.

Die Ureinwohner des australischen Kontinents heißen Aborigines. Der Name leitet sich vom lateinischen Begriff *ab origine* »von Beginn an« ab. Sie zogen in Sippen durch das Land; die Jahreszeiten und das Nahrungsangebot bestimmten ihre Wege. Sie ernährten sich von dem, was sie in der Natur fanden: Wild, Obst, Fisch, Wurzeln – und Insekten.

Die Ankunft des Engländers James Cook im Jahr 1770 veränderte das Leben der Aborigines grundlegend. Er nahm Australien im Namen der englischen Krone in Besitz und leitete die zukünftige Kolonisation des Landes ein. Die Briten nutzten Australien zunächst als Kolonie für ihre Sträflinge. Ab 1797 kamen auch freie Siedler *(free settlers)* ins Land, die mit der Zucht von Merinoschafen ihr Glück versuchten. Bald wurde das Weideland knapp, und die Engländer enteigneten die Aborigines. Sie nahmen ihnen das Land ihrer Vorväter weg. Es begann eine Zeit heftiger Konflikte zwischen Siedlern und Aborigines, die mehrere Jahrzehnte andauerten. Das nun in Reservaten eingepferchte Volk wurde von zahlreichen Infektionskrankheiten wie Pocken, Masern oder Syphilis heimgesucht. Innerhalb von weniger als 50 Jahren starb ein Großteil der Aborigines.

Nach der Entdeckung von Goldvorkommen im Staat Victoria um 1850 strömten Abertausende neue Einwanderer ins Land. Innerhalb von zehn Jahren verdreifachte sich die Bevölkerung. Das Land zerfiel in mehrere Kolonien mit eigener Verfassung und eigenen Gerichten. Während der Wirtschaftskrise in den 1890er Jahren beschlossen die Staaten, sich zu einem Bundesstaat zusammenzuschließen. Mit diesem Schritt wollten sie die Entwicklung des Landes fördern. Australien sollte eine geeinte und unabhängige Nation sein. Im Jahr 1901 entstand der Commonwealth of Australia, der »Australische Bund«.

Der neue eigenständige Bundesstaat, der nun unabhängig von Großbritannien war, unterhielt weiterhin sehr enge Beziehungen zum einstigen Mutterland. Australien blieb Teil des britischen Imperiums und erkannte die Oberhoheit der Königin von England an. Außerdem sollte Australien »europäisch« bleiben, also ausschließlich von Menschen weißer Hautfarbe besiedelt werden. 1901 wurde in diesem Zusammenhang ein Gesetz mit dem Namen *Keep Australia White* (»Australien soll weiß bleiben«) verabschiedet. Darin wurde farbigen Menschen die Einwanderung nach Australien untersagt. Dieses Gesetz blieb bis 1973 in Kraft.

Nach 1945 kamen in neuen Einwanderungswellen vor allem Italiener und Griechen nach Australien. Zwischen 1945 und 1966 wanderten zwei Millionen Menschen ein. Der wirtschaftliche Aufschwung im Land sorgte dafür, dass Australien einen der höchsten Lebensstandards der Welt besaß. An diesem Wohlstand hatten die Aborigines allerdings keinen Anteil. Sie wurden immer noch als Bürger zweiter Klasse betrachtet. Erst nach langen Jahren des Kampfes kamen die Aborigines zu ihrem Recht. Seit 1967 dürfen sie wählen und werden in den Statistiken berücksichtigt. 1992 sprach ihnen der oberste Gerichtshof mit den *Mabo-Urteilen* das Recht zu, das Land ihrer Vorfahren wieder in Besitz zu nehmen.

Im Februar 2008 entschuldigte sich die australische Regierung offiziell bei den Aborigines für 200 Jahre, in denen sie unterdrückt, gedemütigt und beraubt worden waren.

Kapitän James Cook landete in Australien und nahm das Land im Namen des Vereinigten Königreichs in Besitz.

Tinnkiri, Lachlan und Liang laden uns nach Australien ein

»Good day, mate!« (»Guten Tag, Kumpel!«). So begrüßt man sich *down under*, »da unten« – auf der uns gegenüberliegenden Seite der Erde. Wir lernen drei junge Australier kennen: Tinnkiri, Lachlan und Liang.

Tinnkiri ist ein elfjähriges Mädchen. Sie lebt in einer Gemeinschaft von Aborigines in der Wüste im Landesinnern Australiens. Ab und zu besucht sie ihre Kusine Mima, die in der Großstadt Sydney wohnt. Das Leben in der Stadt ist völlig anders als ihr Leben im australischen Busch.

Lachlan ist zwölf Jahre alt und lebt in Melbourne. Wenn er nicht in der Schule ist, treibt er Sport. Seine Vorfahren waren englische Sträflinge, die ihre Strafe in Australien unter häufig sehr schwierigen Bedingungen abbüßen mussten. Seine Familie ist also seit Gründung der englischen Kolonie zu Beginn des 19. Jahrhunderts in Australien.

Der dreizehnjährige Liang ist chinesischer Abstammung und wohnt im Viertel Chinatown in Sydney. Seine Eltern führen dort einen Laden. Später will er Meeresforscher werden. Er interessiert sich sehr für die Unterwasserwelt Australiens, besonders für das Große Barriereriff mit seinen herrlichen Fischen und Korallen.

In Australien sind viele verschiedene Volksgruppen zu Hause: Viele Kinder sind Nachfahren europäischer Einwanderer, andere gehören der eingeborenen Bevölkerung an, die in ihrer Geschichte viel Leid erfuhr.

Tinnkiri ist eine Aborigine

Tinnkiri ist elf Jahre alt. Sie ist eine Anangu, eine Aborigine aus dem Red Centre, dem »Roten Zentrum«. Ihre Heimat liegt im Herzen Australiens in einer Wüstenregion mit rotem Sand. Sie lebt mit ihrem Volk an einem Ort, der über 250 Kilometer von Alice Springs, der einzigen Großstadt im australischen Landesinnern, entfernt ist. Trotz dieser Entfernung lernt Tinnkiri, wie sie ihre Aborigine-Kultur mit der westlichen Lebensweise vereinen kann.

Eine uralte Geschichte

Viele tausend Jahre lang lebten Tinnkiris Vorfahren von dem, was die Natur ihnen bot. Sie waren Jäger und Sammler. Sie schliefen in einfachen Hütten aus Ästen und Blattwerk, die um ein Lagerfeuer aufgestellt waren. Die Geschichtsforscher schätzen die Zahl der Aborigines in jener Zeit auf ungefähr 750 000. Sie sprachen über 200 unterschiedliche Sprachen.

Die Ureinwohner waren über ganz Australien verteilt und lebten in Sippen, die zum Teil sehr unterschiedliche Bräuche und Lebensweisen besaßen. Jede Sippe lebte in ihrem Territorium, das sie mit den dort vorkommenden Tieren teilen musste. Viele dieser Tiere waren gefährlich und sind heute ausgestorben. Zu ihnen gehörten das drei Meter große Riesenkänguru der Gattung Procoptodon – das größte Känguru, das je auf der Erde lebte – oder der gefährliche Beutellöwe Thylacoleo.

Eine gute Organisation

Heutzutage wohnt die Mehrheit der Aborigines in Städten, doch 27 Prozent leben noch immer im *outback*, dem trockenen Landesinnern Australiens.

Tinnkiri lebt mit ihrem Volk im Norden des *outback*, dem Nordterritorium. Hier wohnt knapp ein Drittel aller Aborigines. Die einzelnen Aborigine-Gruppen besitzen unterschiedliche Lebensweisen, doch es gibt gemeinsame Organisationsformen. So muss jede Person, die nicht der Gemeinschaft angehört, eine Aufenthaltserlaubnis für die Region haben. Die Erlaubnis wird vom *Central Land Council* erteilt. Diese Organisation besteht aus gewählten Aborigines. Sie wacht darüber, dass die Landrechte der Ureinwohner geachtet werden.

Jede Gemeinschaft wird von ihren Mitgliedern selbst verwaltet und von einem gewählten Komitee regiert. Seit 1976 sind die Ureinwohner auf diese Art organisiert. In diesem Jahr wurde der *Land Rights Act* verabschiedet, ein Gesetz, das die Landrechte der Aborigines im Nordterritorium anerkannte. Viele Aborigine-Völker konnten nun das Land ihrer

Nach Jahren des Kampfes werden die Rechte der Aborigines endlich anerkannt, und ihre Kultur wird respektiert.

Vorfahren, auf dem sie früher gejagt hatten, wieder in Besitz nehmen. In jener Zeit entstanden viele selbst verwaltete Gemeinschaften. Heute gibt es allein im Nordterritorium 70 Gruppen, die 49 Prozent des Landes besitzen. Die Gemeinschaften leben nach den Gesetzen der Aborigines und den Gesetzen der australischen Regierung.

Tinnkiris Gemeinschaft

Tinnkiri lebt in einer der selbst verwalteten Gemeinschaften. Sie zählt 200 Mitglieder.

Jede Familie wohnt in einem festen Haus mit Möbeln und Fernseher. Es gibt sogar einen eigenen Fernsehsender der Aborigines namens *Imparja*. Das bedeutet »Spuren« in der Sprache der Arrernte, einer Gemeinschaft aus der zentralaustralischen Wüste. Die meisten Familien haben eine Klimaanlage. Das ist aber kein Luxus, sondern eher ein Muss: Im Sommer kann es nämlich bis zu 50° Celsius heiß werden! Ein Stromaggregat liefert Elektrizität für die gesamte Gemeinschaft und macht sie unabhängig vom staatlichen Stromnetz. Jedes Haus besitzt fließend Wasser und ein Auffangbecken für Regenwasser. Mit Regenwasser duscht Tinnkiris Familie und wäscht ihre Wäsche.

Wie die anderen Australier kauft auch Tinnkiri in einem Geschäft ein, das zweimal pro Woche neue Vorräte erhält. Sie findet dort alles, was sie braucht: typisch australische Erzeugnisse wie Weetabix (ein Vollkornprodukt fürs Frühstück) oder Vegemite (ein bräunlicher Brotaufstrich aus Bierhefe), aber auch tiefgefrorene Känguruschwänze – die sind bei den Aborigines sehr beliebt. Hier kaufen Tinnkiri und ihre Mutter auch Kleider, Haushaltswaren, Zeitschriften und Benzin ein. Am Jahresende werden die im Laden erwirtschafteten Gewinne unter den Mitgliedern der Gemeinschaft aufgeteilt.

Tinnkiris Eltern haben Glück, denn sie haben eine Arbeit innerhalb der Gemeinschaft. Ihr Vater ist in der Verwaltung angestellt, ihre Mutter arbeitet im Gesundheitszentrum. Allgemein ist das Angebot an Arbeitsstellen im Dorf zu gering. Einige Mitglieder arbeiten im Geschäft oder im Lager, andere sind Hilfslehrer. Die restlichen Einwohner müssen von den verschiedenen Beihilfen wie Arbeitslosengeld, Kindergeld oder Rente leben. Wie viele Aborigines leben sie in den Tag hinein.

Die Musik

Abends und am Wochenende treffen sich Tinnkiri und ihre Freunde im Gemeinschaftssaal, den sie *disco* nennen.

Dort tanzen sie oder hören einfach nur Musik. Musik und Gesang gehörten schon immer zum Leben der Aborigines; vor allem bei den traditionellen Zeremonien spielen sie eine wichtige Rolle. Tinnkiris Gemeinschaft hat, wie die meisten Gemeinschaften, eine eigene Rockgruppe. Ihre Alben werden in ganz Australien von dem Aborigine-Label CAAMA (Central Australian Aboriginal Media Association) vertrieben. Die Musiker spielen eine Mischung aus Rock und traditioneller Musik mit Texten auf Englisch und in der Sprache der Aborigines. Manche Aborigine-Gruppen Nordaustraliens benutzen die typischen Instrumente dieses Landstrichs, wie zum Beispiel das *didgeridoo.*

Die jungen Aborigines hören eine Mischung aus Rock und traditioneller Musik. Einige Texte sind auf Englisch, andere in der Sprache der Aborigines.

Das Blasinstrument besteht aus einem langen, hohlen Rohr aus Eukalyptusholz. An einem Ende befindet sich ein Mundstück aus Wachs. Beim Blasen muss man die sogenannte Zirkularatmung anwenden. Dabei muss die Luft ohne Unterbrechung aus den Wangen geblasen werden, während man gleichzeitig durch die Nase einatmet. Diese Atemtechnik ist sehr schwierig. Tinnkiris Lieblingsgruppe heißt Yothu Yindi. Sie verbindet traditionelle Klänge mit westlicher Musik.

Der Mannschaftssport

In Tinnkiris Leben spielt Sport eine große Rolle. Jung und Alt treiben regelmäßig Sport – meistens barfuß!

Die Aborigines tragen nur selten Schuhe. Sie finden sie unpraktisch und unbequem. Tinnkiris älterer Bruder Kuta ist ein ausgezeichneter *footy*-Spieler. Das typisch australische Spiel ist eine Mischung aus Fußball und Rugby. Die Frauen haben eine *softball*-Mannschaft, das eine Variante des *American Footballs* ist. Alle Sportmannschaften der Aborigines treffen regelmäßig bei den *sports carnival* aufeinander; das sind große Sportveranstaltungen. Jedes Jahr findet in der Stadt Alice Springs das große Finale statt. Erst im Alter von 15 Jahren darf Tinnkiri bei den Mannschaften ihrer Gemeinschaft mitspielen. Bis sie alt genug ist, trainiert sie fleißig. Ihr Lieblingssport ist Basketball.

Die jungen Aborigines spielen »footy«, eine Mischung aus Fußball und Rugby.

Mit ihren Freundinnen trifft sie sich häufig auf dem Platz in der Ortsmitte. Sie spielt mit ihnen, bis sie wegen Dunkelheit (im Sommer) oder wegen Kälte (im Winter) nach Hause gehen muss.

Nyuntu pitjantjatjara wangkanyi? »Sprichst du Pitjantjatjara?«

Vor der Ankunft der Engländer im 18. Jahrhundert gab es in Australien über 200 Sprachen und ungefähr 600 Dialekte, die von mindestens 750 000 Ureinwohnern gesprochen wurden. Nur 20 Sprachen überlebten bis heute. Sie werden von weniger als zehn Prozent der Aborigine-Bevölkerung gesprochen.

Tinnkiri ist Pitjantjatjara: Das ist der Name ihrer Volksgruppe (einer Untergruppe der Anangu) und auch seiner Sprache. Pitjantjatjara gehört zur Gruppe der Sprachen der westlichen Wüste, die ungefähr 5000 Sprecher zählen. Ihre Heimat liegt überwiegend im Zentrum Australiens. Wie alle Sprachen der Aborigines besitzt auch Pitjantjatjara eine komplizierte Grammatik und einen reichen Wortschatz. Viele Wörter haben etwas mit dem Leben und den Glaubensvorstellungen der Aborigines zu tun. Es gibt zum Beispiel sehr viele, sehr genaue Wörter, die Pflanzen und Tiere beschreiben.

So kennen die Pitjantjatjara sieben verschiedene Begriffe zur Beschreibung eines Warans (einer großen Echse, die typisch für die australische Wüste ist), zehn zur Beschreibung eines Kängurus und nicht weniger als 14 zur Unterscheidung der verschiedenen Arten von Akazienbäumen, die in der Wüste wachsen. Diese sprachliche Vielfalt war früher überlebenswichtig für die Gemeinschaft. Man musste eine Baumart genau bestimmen können und wissen, welche Teile der Pflanze essbar sind, wie man die Samen zubereiten muss und welche Qualität das Holz besitzt. Die Aborigines benutzen heute viele Wörter aus dem Englischen wie *mutuka* für »Auto« (von englisch *motorcar*), *tivi* für »Fernseher, TV« oder *kuula* von *school* für »Schule«. Diese Wörter zeigen, wie wichtig die westliche Lebensweise ist, die auch unter den Aborigines weit verbreitet ist; selbst unter den Ureinwohnern, die wie Tinnkiri fern der Städte leben.

Tinnkiri geht in ihrer Gemeinschaft zur Schule, wo sie in zwei Sprachen unterrichtet wird. In den kleinen Klassen unterrichtet ein englischsprachiger Lehrer, der häufig nicht zur Gemeinschaft gehört, die Schüler in Englisch. Doch die meisten Stunden werden auf Pitjantjatjara gehalten. Je länger man in die Schule geht, umso mehr Unterricht findet auf Englisch statt. Es gibt auch besondere Schulstunden, in denen die Kultur der Aborigines vermittelt wird.

Nächstes Jahr will Tinnkiri auf die weiterführende Schule gehen. Dazu müsste sie in der nächstgrößeren Stadt Alice Springs wohnen, die weit weg von ihrem Zuhause ist. Sie zögert noch, da sie die Gemeinschaft verlassen und das freie Leben, das sie führt, aufgeben müsste. Dieser Schritt fällt ihr schwer. Wenn sie sich gegen den Schulwechsel entscheidet, kann sie immer noch Fernunterricht über ein Funkgerät erhalten. Der Unterricht würde jedoch ausschließlich auf Englisch erfolgen. Viele Kinder in entlegenen Gemeinschaften werden auf diese Weise unterrichtet.

Obwohl sie an entlegenen Orten wohnen, erhalten die Kinder der Aborigines regelmäßigen Schulunterricht. Sie lernen dabei sowohl das Wissen der Ahnen als auch modernes Wissen.

Das Wissen der Vorfahren

Das Wissen und die Geschichten der Vorfahren werden bei den Aborigines mündlich weitergegeben. Kinder wie Tinnkiri lernen viel über die Kultur ihres Volkes.

Alle Glaubensvorstellungen der Aborigines beruhen auf dem *Dreaming*, der »Traumzeit«. Das *Dreaming* umfasst die Schöpfungsgeschichte der Welt und die überlieferten Gesetze, nach denen die Aborigines leben. Es ist Grundlage ihres religiösen und spirituellen Erbes. In der Vorstellung der Aborigines bestand die Welt schon immer, doch sie war leer und öd. Vor sehr langer Zeit hauchten der Große Schöpfergeist und andere übernatürliche Wesen ihr Leben ein. Sie bereisten den Kontinent und schufen die Natur und die Menschen. Gleichzeitig verliehen sie ihnen das für ihr Überleben nötige Wissen. Danach verschwanden sie und übertrugen den Menschen die Aufgabe, sich um die Erde zu kümmern. Jeder Fels, jeder Fluss und jeder Berg zeugt von der Existenz dieser übernatürlichen Wesen. Jede Aborigine-Gruppe ist Hüter eines bestimmten Territoriums und der dazugehörigen Geschichten aus dem *Dreaming*. Im Herzen der roten Wüste Australiens erhebt sich ein riesiger orangeroter Felsblock. Er sieht aus, als ob er aus dem Boden gewachsen ist. Die Pitjantjatjaras sind seit Menschengedenken die

Die Rainbow-Serpent (»Regenbogenschlange«) ist die zentrale Figur in der Mythologie der Aborigines.

Hüter dieser Region und nennen diesen heiligen Berg Uluru. Er heißt auch *Ayers Rock* und ist das Wahrzeichen Australiens. An seinen Wänden kann man die Geschichten der mythischen Geschöpfe ablesen, die zur Zeit der Schöpfung in der Nähe dieses Ortes lebten.

Die Legende von Uluru

Der Legende zufolge machten eines Tages zwei Jungen aus Südaustralien an einem Ort namens Kantju Rast. Hier befand sich eine Wasserstelle.

Sie setzten sich nieder und begannen zu spielen. Sie vermischten Wasser und die rote Erde der Wüste. Es entstand ein fester Matsch. Aus dem Matsch formten sie einen Berg, der schnell anwuchs und schließlich die heutige Größe des Uluru erreichte: 350 Meter hoch, 3,5 Kilometer lang und 2,5 Kilometer breit. Die Jungen vergnügten sich mit ihrem Berg aus matschiger Erde. Sie kletterten hinauf, setzten sich auf den Gipfel und rutschten auf dem Hintern oder Bauch hinunter. Nach und nach verlor der Berg seine Steilheit und bekam seine heutige Form.

In die Wände des noch weichen Matsches zogen die Jungen mit ihren Fingern Linien. Kanäle und Rinnen entstanden. Die australische Sonne trocknete und verfestigte die Spuren. Der Berg wurde hart. In der Folgezeit kamen viele andere Fabelwesen und hinterließen ihre Spuren an den Wänden des Uluru. Die Spuren an den Felswänden sind der Schlüssel zu den Geschichten der übernatürlichen Wesen. Nur wer in der Lage ist, sie zu lesen, kann zum Beispiel die Geschichte von der Pythonfrau Kuniya erfahren oder die von Liru, dem giftigen Schlangenmann.

Die Kunst der Aborigines

Mit verschiedenen Zeremonien lassen die Aborigines die bedeutenden Momente der Traumzeit wiederaufleben. Über Tanz und Gesang suchen sie dabei den Kontakt zu den Ahnen und verständigen sich mit ihnen.

Bei einigen Zeremonien können alle Aborigines anwesend sein. Doch es gibt auch Zeremonien, die nur für Männer oder nur für Frauen bestimmt sind. Dazu gehört zum Beispiel der Initiationsritus der Jungen in ihrer Jugend. Er markiert den Übergang vom Kind zum Erwachsenen. Sein Ablauf ist streng geheim.

Seit ungefähr 40 Jahren fließt die Mythologie der Aborigines auch in ihre Kunst ein. So entdeckten sie zum Beispiel die Malerei für sich. In der Vergangenheit erzählten sie die Geschichten der mythischen Geschöpfe, der *Tjukurpa*, auf Höhlenwänden. Manchmal malten sie sie auch einfach mit einem Stock in den Sand. In den 1970er Jahren begannen die Aborigine-Künstler, moderne Materialien wie zum Beispiel Acrylfarbe zu verwenden und das *Dreaming* damit darzustellen. Tinnkiri macht das Malen auf großen Leinwänden viel Spaß. Sie benutzt die Technik des *dot painting*, der »Punktmalerei«. In ihren Bildern stellt sie die *Tjukurpas* in den traditionellen Farben der Zeremonien dar: Gelb, Braun, Rot, Schwarz und Weiß.

Die Punktmalerei ist eine Maltechnik, die der Kultur der Aborigines entspringt.

Die Frauen betreiben Seidenmalerei oder fertigen Holzskulpturen. Sie brennen mit einem heißen Eisen, das sie zuvor in der Glut des Lagerfeuers erhitzen, Muster in das Holz. Mit dieser

Technik verzieren sie Holztiere, *clapsticks* (zwei Schlaghölzer aus Holz zur rhythmischen Begleitung der Zeremonien), Bumerangs und *coolamons* (große Holzschalen zum Transport von Früchten und Samen).

Auf der Jagd im Busch

Die Aborigines lieben die Jagd, die sie nach Art der Ahnen ausüben. Sie ziehen häufig mehrere Tage durch den Busch und suchen nach *bush tucker*. Mit diesem australischen Begriff bezeichnet man alle einheimischen Tiere und Pflanzen Australiens, von denen sich die Aborigines traditionell ernähren.

Sie jagen Echsen oder Kängurus, da ihr Fleisch sehr schmackhaft ist. Dabei benutzen sie einen Speer, der auf eine Speerschleuder namens *woomera* aufgelegt wird, oder einen *kali*, einen »Bumerang«. Da diese Jagdtechniken viel Übung und großes Geschick erfordern, ist die Ausbeute häufig ungewiss. Auch die Suche nach *maku* (Raupen) ist mühsam. Mit einem Stock muss man stundenlang in der Erde graben und zwischen den Wurzeln der Akazien nach der berühmten, weißen, fleischigen Raupe suchen. Anschließend wird sie in der Glut des Feuers gegart und mit kaum zwei Bissen gegessen. Der Geschmack ist ähnlich der Erdnussbutter. Tinnkiri ihrerseits sucht gerne nach Honigtopfameisen. Manchmal gräbt sie eine Stunde lang ohne Erfolg. Wenn sie jedoch auf einen Gang stößt, ist sie überglücklich. Sie fängt die Ameise, hält ihren »Topf« mit bernsteinfarbenem Honig über ihren Mund und drückt ihn aus. Ein süßer und duftender Nektar rinnt in ihren Rachen. Welch ein Hochgenuss! Häufig erntet Tinnkiri auch wilden Weizen für ihre Mutter. Mit einem großen Stein wird der Weizen zerstoßen. Aus Wasser und Mehl knetet ihre Mutter einen Teig, aus dem sie leckere Fladen bäckt. Tinnkiri könnte nicht fern ihrer Heimat leben. Sie liebt die Umgebung und die Natur sehr, in der sie lebt; zum Beispiel die Wüstenerbsen, deren kräftiges Rot sich vom orangefarbenen Boden abhebt, oder die wunderschönen Akazien *wintalyka*, an deren süßen Zweigen sie wie an einer Zuckerstange lutscht.

Die Suche nach den Honigtopfameisen ist sehr zeitaufwendig, doch sie lohnt sich: Welch ein Genuss!

Ein Ausflug nach Sydney

Tinnkiri hat eine Kusine, die in der Stadt lebt. Sie wohnt im Viertel Redfern in Sydney. Wenn Tinnkiri »in die Stadt geht«, macht sie etwas für sie sehr Ungewohntes: Sie zieht Schuhe an!

Mima kennt das Leben in den entlegenen Gemeinschaften im australischen Busch kaum. Wie die meisten anderen australischen Kinder führt sie ein »städtisches« Leben. Sie geht in ihrem Viertel zur Schule, treibt Sport und malt. Mimas und Tinnkiris Familien haben eine sehr unterschiedliche Geschichte und führen ein völlig anderes Leben. Mimas Großvater war ein Weißer, ihre Großmutter eine Aborigine. Den Aborigine-Müttern wurden in den 1960er Jahren die Kinder durch die australische Regierung weggenommen, und so verlor auch Mimas Großmutter ihren Sohn Jack. Die Behörden in jener Zeit wollten mit dieser Maßnahme die Mischlingskinder integrieren und aus ihnen »gute kleine Australier« machen. Sie brachten die Kinder in Heimen oder Pflegefamilien unter. Die Kinder mussten die Traditionen ihrer Ahnen aufgeben. Auch durften sie ihre Sprache nicht mehr sprechen. Selbst ihre Glaubensvorstellungen wurden ihnen ausgetrieben. Von 1885 bis 1967 wurden zwischen 70 000 und 100 000 Kinder den eingeborenen Müttern in den Gemeinschaften des *outback* weggenommen. Viele der Kinder kehrten nie an ihren Geburtsort zurück. In den 1980er Jahren stellten zahlreiche dieser Kinder, wie auch Jack, aufwendige Nachforschungen an, um ihre Wurzeln zu finden.

So kam es, dass Jack nach 30 Jahren der Trennung von seiner Familie in seine Heimatgemeinde zurückkehren und seine Mutter endlich wiedersehen konnte. Jack hatte Glück gehabt. Denn es ging ihm bei seinen Adoptiveltern gut, und er konnte eine Schule besuchen. Doch für viele Mischlingskinder war es eine leidvolle Zeit, da sie als billige Arbeitskräfte missbraucht wurden. Jack gründete eine Familie in Redfern und wollte nicht in die Aborigine-Gemeinschaft zurückkehren, in der er geboren war. Das Leben dort unterschied sich zu sehr von dem Leben, das er nun gewohnt war. Er hat seine Wurzeln jedoch nie verleugnet, sondern ist im Gegenteil stolz darauf. Er nimmt an Demonstrationen für die Anerkennung der Aborigines teil. Mimas Eltern sind Maler. Mit ihrer Kunst wollen sie die Kultur der *koori* bekannt machen; *koori* ist ein anderes Wort für »Aborigines«.

Im Februar 2008 gab es nach Jahrzehnten des Kampfes eine offizielle Entschuldigung von Seiten der australischen Regierung – für die über 200 Jahre, in denen die Aborigines misshandelt und gedemütigt worden waren. Premierminister Kevin Rudd trug sie vor. Diese späte Anerkennung weckte in der eingeborenen Bevölkerung die Hoffnung auf bessere Tage. Denn vielen Ureinwohnern in der Stadt geht es nicht gut. Ihnen fehlt der kulturelle Hintergrund der Aborigines, und Alkohol- und Drogenmissbrauch sind weit verbreitet. In den entlegenen Gemeinschaften im *outback* kämpfen die Menschen mit den gleichen Problemen: Nur wenige haben eine Arbeit, von der sie leben können. Aus diesem Grund sind längst nicht alle Aborigines, egal ob in der Stadt oder in selbst verwalteten Gemeinschaften, so wohlhabend wie Mima und ihre Familie.

Der Uluru, auch bekannt als Ayers Rock.
Er ist der größte Monolith der Welt und
ein heiliger Ort der Pitjantjatjara-Aborigines.

Lachlan lebt in Melbourne

Lachlan lebt in Melbourne im Staat Victoria. Er gehört zwar nicht zu den größeren Bundesstaaten, doch er ist mit über fünf Millionen Einwohnern sehr bevölkerungsreich. Der Staat Victoria liegt an der Mündung des Yarra River. Es herrscht gemäßigtes und regenreiches Klima. Dank der üppigen Pflanzenwelt gilt Victoria als Gartenstaat Australiens.

Lachlans Vorfahr, der Sträfling

Lachlans Vorfahr väterlicherseits ging um 1820 in Australien an Land. Er kam in Port Jackson (dem heutigen Sydney) an. An diesem Ort hatte die *First Fleet* (»Erste Flotte«) 1788 eine britische Sträflingskolonie eingerichtet. Er war ein *convict*, ein »Sträfling« irischer Abstammung, der wegen Diebstahls verurteilt und gegen seinen Willen ans andere Ende der Welt gebracht worden war. Hier musste er seine Strafe verbüßen. Er war damals noch nicht mal 16 Jahre alt.

Das Schiff stach von Portsmouth in England aus in See. Die Seereise dauerte über 250 Tage. Für die Gefangenen war es wegen der schrecklichen Bedingungen auf dem Schiff eine Tortur. Nach seiner Ankunft musste Lachlans Vorfahr wie seine Leidensgenossen beim Aufbau der zukünftigen Stadt Sydney helfen. Es herrschte eine unerbittliche militärische Disziplin. Nach sieben Jahren Zwangsarbeit durfte er auf eigene Rechnung arbeiten. Als *emancipist* (»ehemaliger Sträfling«) erhielt er von der englischen Regierung sogar eine Parzelle Land. Er ging nach Melbourne und ließ sich als Züchter von Merinoschafen nieder. Das Tier, das kurz zuvor in Australien eingeführt worden war, wurde dank seiner Wolle bald zur wichtigsten Einkommensquelle des Landes.

C. York
CORAL
Darwin
Townsville
Onslow
AUSTRALIA
Brisbane
L. Eyre
Newcastle
Perth
Sydney
Canberra
Albany
Melbourne
Bass Str.

Zu Beginn der Besiedlung wurden entflohene Zwangsarbeiter nach Fort Denison gebracht. Die Sträflinge lebten dort unter extrem harten Bedingungen.

Einmal reiste er nach Sydney und stellte im Computer des Hyde-Barracks-Museums Nachforschungen an. Das Museum wurde im ehemaligen Lager der Zwangsarbeiter eingerichtet. Seine Suche war erfolgreich. Denn er konnte seine Abstammung genau zurückverfolgen und fand seinen *convict*-Ahnen. Das war für Lachlan etwas Besonderes, da nur wenige Australier ein solches Erbe haben. Die große Mehrheit der *Aussies*, wie sich die Australier selbst nennen, stammt von den Einwanderern ab. Sie strömten in mehreren Wellen seit 1770 ins Land, als England Australien in Besitz nahm.

Ein Gartenstaat

Lachlans Vater handelt mit australischem Wein. Allein im Bundesstaat Victoria gibt es über 300 Weingüter. Auch im Hunter Valley in Neusüdwales und im Barossa Valley im Bundesstaat Südaustralien liegen riesige Betriebe.

Die ersten Siedler begründeten den Weinbau in Australien. Doch zu Beginn des 20. Jahrhunderts vernichtete die Reblaus die meisten Weinstöcke. Dieses Problem ist inzwischen zum Glück gelöst: Die australischen Weinberge bedecken heute eine Fläche von über 750 000 Hektar. Ungefähr 7000 Weinbauern arbeiten hier. Die australische Weinproduktion blüht, und die Qualität der australischen Weine wird weltweit gerühmt.

Lachlans Mutter ist Botanikerin. Sie ist für die Pflege und Erhaltung der ausgedehnten Grünanlagen in Melbourne zuständig. Die meisten Gärten und Parks wurden Mitte des 19. Jahrhunderts geschaffen. In ihnen wachsen über 10 000 Pflanzenarten aus Australien und der ganzen Welt. Am Wochenende treffen sich Lachlan und seine Familie dort mit Freunden zum Grillen. Das *barbie* ist aus dem Alltag der australischen Familien nicht wegzudenken. Gegrillt wird überall: im Garten oder im Freien, in einem der vielen Parks oder am Strand. Die Steaks vom Grill bevorzugen die Australier gut durchgebraten. Die Erwachsenen trinken dazu ein Bier, die Kinder eine Limonade. Die Australier lieben die gesellige Stimmung beim Grillen – auch wenn man dabei von den vielen Fliegen belästigt wird, die in Australien in Scharen auftreten.

In der Schule

Lachlan geht auf eine katholische Privatschule. Es ist eine *boys school*, das heißt eine reine Jungenschule. Die meisten australischen Privatschulen sind keine gemischten Schulen.

In den meisten staatlichen und privaten Schulen ist die Schuluniform Pflicht.

Er kann die gesamte Schulzeit, also Grundschule und weiterführende Schule, auf dieselbe Schule gehen. Das ist eine Besonderheit der privaten Einrichtungen. Wie an den meisten australischen Schulen, privaten und staatlichen, ist das Tragen der Schuluniform Pflicht: eine Jacke mit dem Wappen der Schule und ihrem Leitspruch auf Latein, eine Hose aus Flanell oder Leinen, ein weißes Hemd mit Krawatte und ein Hut oder eine Mütze. Die Kopfbedeckung ist in Australien ein Muss. Die Sonne scheint viele Monate im Jahr, was

Da die Sonnenstrahlung im heißen Australien sehr stark ist, dürfen die Schüler nicht ohne Mütze in die Pause gehen.

für Haut und Gesundheit schädlich sein kann. Seit ungefähr zehn Jahren wird an den Schulen aus diesem Grund eine Politik mit dem Motto *No hat No play* (»ohne Hut, keine Pause«) betrieben. Damit will man die australischen Kinder auf die Gefahren der Sonnenstrahlen aufmerksam machen und dem Hautkrebs vorbeugen.

Lachlan geht von 9 bis 15.30 Uhr zur Schule. Das Schuljahr beginnt Ende Januar und endet Anfang Dezember. Dazwischen gibt es mehrmals Ferien. Der *summer break*, die Sommerferien, sind im Dezember und Januar. Denn auf der Südhalbkugel beginnt der Winter im Juni und der Sommer im Dezember. Im Bundesstaat Victoria, in dem Lachlan wohnt, gilt für Kinder zwischen sechs und 16 Jahren Schulpflicht. Für Kinder unter sechs Jahren gibt es Kinderkrippen und Kindergärten. Doch seit einigen Jahren bieten viele australische Einrichtungen auch Unterricht für Fünfjährige an, den man *pre-school* nennt.

Lachlan ist im Year 7, also in der siebten Klasse. Der Unterricht besteht im Moment noch aus Pflichtfächern wie Englisch, Geschichte und Mathematik. Doch in zwei Jahren wird er seine Unterrichtsfächer frei wählen können. Nach dem zwölften Schuljahr wird er das *higher school certificate* machen, das unserem Abitur entspricht.

Der Schulsport

Lachlans größtes Interesse gilt dem Sport. Das australische Schulsystem räumt der Kunst (Musik und Bildende Kunst) und dem Sport einen großen Platz ein. In der fünften und sechsten Klasse haben die Schüler in beiden Fächern jeweils vier Wochenstunden.

Viele Kinder nehmen das Freizeitangebot an ihrer Schule wahr. Sie wählen zwischen Chor, Sportmannschaften, Theater und so weiter aus. Zu Beginn der siebten Klasse wurde Lachlan einem *house* zugeteilt; das »Haus« ist eine Art Mannschaft, zu der Schüler aller Jahrgangsstufen gehören. Bei den verschiedenen sportlichen oder kulturellen Wettkämpfen an der Schule wetteifern die Schüler der verschiedenen Häuser miteinander. Bei jedem Sieg erhält das jeweilige Haus Punkte. Jedes Haus hat einen Namen, ein Motto und eine Farbe. Am Ende des Schuljahres zählt der *headmaster*, der Schuldirektor, die Punkte zusammen. Das Haus mit den meisten Punkten siegt und erhält einen Platz auf der Ehrentafel. Im nächsten Jahr geht das Spiel von vorne los.

Diese aus England stammende Tradition wird an allen Privatschulen weitergeführt. Die Zugehörigkeit zu einem Haus ist an bestimmte Regeln geknüpft. Die Mitglieder einer Familie gehören zum Beispiel immer zum gleichen Haus. Daher kam Lachlan in das Haus, in dem sein Vater früher bereits Mitglied war.

Jede Schule hat ihr Wappen und ihren Leitspruch.

Lachlan ist ein sehr guter *Footy*-, Cricket- und Feldhockey-Spieler. Seine Lieblingssportart ist aber Skifahren. In zwei Regionen im australischen Gebirge kann man Wintersport treiben: in den Snowy Mountains, südlich von Canberra, und den Victorian Alps, die 250 Kilometer nordöstlich von Melbourne liegen. Die Skigebiete dieser beiden Orte sind durchaus vergleichbar mit denen in der Schweiz. Ab Juni zieht es Lachlan auf die Pisten in den Snowy Mountains. Obwohl die Berge mit einer Höhe von 2000 Metern nicht sehr hoch sind, macht es einen Riesenspaß, die Pisten hinunterzusausen.

Weihnachtszeit

In Australien werden viele wichtige Traditionen aus dem Westen, vor allem aus England, weitergeführt; allen voran das Weihnachtsfest. Im Kamin brennt hier jedoch kein Feuer und draußen liegt kein Schnee. Denn am 25. Dezember ist in Australien Sommerbeginn.

Lachlans Großeltern führen wie viele Familien die englische Tradition fort und bereiten ein großes Weihnachtsessen zu: Es gibt gebratenen Truthahn mit den berühmten *three vegies*, den »drei Gemüsen« (1. Kartoffeln, 2. Brokkoli oder Bohnen, 3. Karotten oder Kürbis) und dazu *York Chester pudding* (eine in Formen ausgebackene Brotart). Als Nachtisch wird der berühmte *Christmas pudding* serviert. Dies ist ein kompakter Kuchen mit

Die australische Küche hat sich in den letzten Jahrzehnten durch den Einfluss der ausländischen Küche, vor allem der asiatischen, stark verändert.

vielen Trockenfrüchten, den man warm mit Brandy-Creme isst. Lachlans Eltern feiern Weihnachten jedoch lieber auf die australische Art, also eher *lay back*, »entspannt«. Sie grillen feine Speisen wie *shrimps* (Garnelen) oder andere Meeresfrüchte und servieren kalten Schinken und verschiedene Salate dazu. Zum Nachtisch gibt es die berühmte Pavlova. Das ist eine große Baisertorte mit Schlagsahne und frischem Obst, die von einem australischen Koch in den 1930er Jahren erfunden wurde. Sie trägt den Namen der russischen Ballerina Anna Pavlova. Sie war zehn Jahre zuvor in Australien aufgetreten und hatte im Herzen der Australier einen bleibenden Eindruck hinterlassen. Und da es Sommer ist, geht die ganze Familie anschließend an den Strand.

Der Weihnachtsmann

Und die Geschenke? *Santa Claus*, wie man den Weihnachtsmann in den englischsprachigen Ländern nennt, besucht auch die australischen Kinder.

Weil es in den meisten Häusern keinen Kamin gibt, kommt der Weihnachtsmann der Legende zufolge durch die Hintertür ins Haus. Man lässt sie extra für ihn auf. Im Haus findet er einen wunderschönen Weihnachtsbaum vor, der wie in Europa mit vielen bunten Kugeln geschmückt ist. Der Tradition gemäß kommt er mit dem Schlitten, der von acht Rentieren gezogen wird. Lachlan ist sich jedoch sicher, dass er als kleiner Junge *Santa Claus* einmal auf dem Rücken eines Kängurus gesehen hat! Was soll's! Hauptsache die Geschenke liegen um Mitternacht unter dem Baum.

Auch auf der Südhalbkugel kommt der Weihnachtsmann aus dem Norden.

Mit den Geschenken ist das Weihnachtsfest aber noch nicht zu Ende. Der 26. Dezember ist ein weiterer Feiertag, den man *Boxing Day* nennt, was wörtlich »Tag der Schachteln«

heißt. Diese Tradition ist sehr alt und stammt aus der Zeit, als die Chefs am Tag nach Weihnachten Geschenke (Schachteln) an ihre Angestellten verteilten. Für die Australier ist auch dieser Tag ein hoher Feiertag. Man bereitet ein gutes Essen zu und verfolgt im Fernsehen das Cricket-Testspiel in Melbourne oder den Start der berühmten Regatta von Sydney nach Hobart in Tasmanien.

Lachlan besucht seinen Freund Stuart

Im Zuge eines Schüleraustauschs konnte Lachlan einen Monat lang bei dem gleichaltrigen Jungen Stuart auf einer *sheep station*, also einer Schaffarm, im Landesinnern leben.

Der Stadtmensch Lachlan erlebte, wie anders das Leben auf dem Land ist. Stuarts Eltern sind *graziers*; so nennt man die Züchter von Merinoschafen im *outback*. Ihr Land liegt in der Region Riverina im Staat Neusüdwales. Zu ihrer Ranch gelangt man nur mit einem Geländewagen. Sie ist 124 000 Hektar groß und zählt 45 000 Schafe. Während der Regenzeit zwischen Oktober und März sind die Straßen mehrere Wochen lang überschwemmt. Dann ist die Ranch vom Rest des Landes komplett abgeschnitten. Nur mit dem Flugzeug können Vorräte und die Post zur Farm gebracht werden. Doch obwohl die Ranch sehr abgelegen ist, muss man nicht auf Bequemlichkeit verzichten. Ein Stromgenerator versorgt Häuser, Ställe und Scheunen mit Strom. Auch wird das Regenwasser in riesigen Zisternen aufgefangen. Etwas abseits befindet sich eine Landebahn für Flugzeuge.

Das Merinoschaf liefert Wolle von hoher Qualität. Sie ist einer der wichtigsten Exportartikel des Landes.

Das Leben auf der Ranch

Auf der Ranch stehen mehrere Häuser. Das größte Haus gehört dem *manager*, dem Chef des Betriebs. Hier wohnen Stuart und seine Familie.

Ein Stück daneben liegt das Haus der *jackaroos*. Das sind junge Männer, meist Junggesellen, die einige Jahre auf den großen Ranches arbeiten und das Handwerk von Grund auf lernen. Danach beginnen sie ein Studium der Landwirtschaft oder machen einen eigenen Betrieb auf. Sie sind sozusagen die Cowboys Australiens. Historikern zufolge soll der Name *jackaroo* aus dem Vornamen Jack, der im 19. Jahrhundert sehr verbreitet war, und aus *kangaroo* (»Känguru«) zusammengesetzt worden sein. Die Frauen, die diese Arbeit verrichten, nennt man *jillaroos* (aus dem weiblichen Vornamen Jill und *kangaroo*). In weiteren Häusern unterschiedlicher Größe leben die acht landwirtschaftlichen Angestellten und der Koch. Die Rolle des Kochs ist sehr wichtig, da er für die Ernährung aller Bewohner der Ranch sorgt. Morgens bereitet er ein reichhaltiges Frühstück für alle Angestellten zu: Eier, Speck, Würste, *baked beans* (weiße Bohnen in Tomatensoße), Muffins, Toasts und Kaffee oder Tee. Die Männer machen sich ihr Mittagessen selbst.

In Australien gibt es riesige Rinderfarmen (cattle stations), die mehrere hundert oder sogar tausend Hektar groß sind.

Meist essen sie belegte Brote und Obst und trinken Kaffee. Der Koch bereitet das Abendessen zu. An diesem Essen nehmen neben allen Mitgliedern der Ranch auch Stuart und seine Familie teil. Den Einkauf der Vorräte übernimmt Stuarts Mutter oder der Koch. Bis zur nächsten Stadt, in der es eine Kneipe und ein Lebensmittelgeschäft gibt, braucht man mit dem Auto drei Stunden. Jede Woche wird zudem einer der *jackaroos* beauftragt, mehrere Schafe zu schlachten und zu zerlegen. Das Fleisch kommt im Lauf der Woche zum Abendessen auf den Tisch.

Stuart zeigte Lachlan, wie man reitet. Stuart reitet mit Begeisterung auf seinem Pferd Ned Kelly und galoppiert mit ihm durch den Busch. Seinen *akubra* (»Hut«) hat er dabei stets auf dem Kopf. Er ist ein ausgezeichneter Reiter und schwingt das Lasso mit viel Geschick. Später will er ein *jackaroo* werden und in der Weite des australischen Buschs so leben, wie er es bisher getan hat. Während seines Aufenthalts nahm Stuart Lachlan auf lange Ausritte mit, und Lachlan fiel nur ein einziges Mal vom Pferd. Er stieg sofort wieder auf, was ihm den Respekt aller *jackaroos* auf der Ranch einbrachte. Einmal durften die beiden Jungen mit Erlaubnis von Stuarts Eltern mit ihrem *swag*, also ihrem Schlafsack, zu einem *billabong* (das ist eine Wasserstelle) reiten. Da die Eltern genau wissen, dass Stuart sich in der Gegend

Das Pferd ist der unverzichtbare Begleiter des »bushman«.

bestens auskennt, durften sie unter freiem Himmel an einem Lagerfeuer übernachten. Sie bewunderten das *Southern Cross*, das berühmte Sternenkreuz des Südens, das man nur auf der Südhalbkugel am Himmel sehen kann. Auf ihren Ausritten begegneten ihnen Herden von *brumbies*, Wildpferden, und Rote Riesenkängurus. Beide Tiere sind typisch für diese Gegend.

Im *outback* zur Schule gehen

Da Stuart auf einer abgelegenen Ranch lebt, kann er, im Gegensatz zu Lachlan, nicht regelmäßig zur Schule gehen. Die nächste Schule ist über 200 Kilometer weit entfernt.

Stuart wird von der *school of the air*, der »Schule per Funk«, unterrichtet. Es gibt 14 *schools of the air* in Australien, die für den Unterricht im *outback* sorgen. Jeden Tag nimmt Stuart vor dem Funkgerät und seinem Computer Platz und hört seinem Lehrer zu. Der Lehrer unterrichtet mehrere Schüler gleichzeitig, die zum Teil Hunderte von Kilometern voneinander entfernt wohnen. Einmal pro Woche spricht Stuart 15 bis 30 Minuten direkt mit seinem Lehrer. So kann dieser seine Fortschritte überprüfen und Fragen zu unklaren Themen beantworten. Seit es das Internet gibt, wurden die Unterrichtsmethoden viel moderner. Stuart kann nun am Computer eine Übung machen. Sein Lehrer korrigiert ihn gleich, während Stuart die Aufgabe löst. Mehrmals im Jahr besucht der Lehrer Stuart auf der Ranch. Einmal im Jahr geht der Junge mit seinen Eltern zur Schule. Sie unternehmen dann eine Woche lang mit allen anderen Schülern der Schule und den Lehrern verschiedene Dinge.

Der »jackaroo« wacht über die Herde.

Für Stuart ist diese Art von Unterricht ideal. Denn ohne ihn hätte er in ein Internat gehen und die Ranch verlassen müssen.

Die fliegenden Ärzte

Das Leben im Busch kann für die Menschen sehr gefährlich sein. Problematisch wird es vor allem dann, wenn der nächste Arzt mehrere hundert Kilometer entfernt ist.

Vor Kurzem fiel Stuart vom Pferd. Seine Eltern hielten es für zu gefährlich, ihn im Geländewagen ins Krankenhaus zu fahren. Sie riefen daher den *Royal Flying Doctors Service* (RFDS), den »königlichen Dienst der fliegenden Ärzte«. Dieser ärztliche Dienst wurde 1930 von Reverend John Flynn gegründet. Er sorgte dafür, dass auch die Bewohner des *outback* ärztliche Hilfe bekommen konnten. Nach Stuarts Unfall riefen seine Eltern beim RFDS an, der innerhalb einer Stunde per Flugzeug einen Arzt schickte, der Stuart untersuchte. Zum Glück hatte Stuart nur einen Arm gebrochen und eine Gehirnerschütterung erlitten. Bei kleineren Verletzungen weisen die Ärzte des RFDS die Menschen per Funk an und sagen ihnen, was sie machen sollen.

Die Schafschur

Das eindrucksvollste Erlebnis während seines Aufenthalts war für Lachlan die Schafschur. Auch für die *sheep station* ist dies einer der wichtigsten Momente des Jahres.

Zunächst mussten die vielen tausend Schafe zusammengetrieben werden, die im weiten Busch verstreut waren. Je nach Ort, an dem die Schafherden weiden, kann dies über drei Tage dauern. Mit den Schafen kommt man zudem nur langsam voran, da die Schafe auch auf Wanderschaft aus-

Die Schafe werden für die Schur zur Ranch getrieben.

ruhen und regelmäßig fressen und trinken müssen. Man darf auch nicht vergessen, dass in den Ebenen von Neusüdwales im Spätsommer noch Temperaturen von über 40 ° Celsius herrschen. Die Hitze setzt Mensch und Tier zu. Die Männer treiben die Tiere auf Pferden zusammen. Doch vielfach werden auch Motorräder und in sehr großen Betrieben sogar Hubschrauber eingesetzt.

Hauptberufliche Schafscherer, die sogenannten *shearers*, übernehmen die Schur der vielen tausend Schafe. Sie arbeiten auf eigene Rechnung und ziehen von Ranch zu Ranch. Die Tätigkeit des *shearers* ist körperlich sehr anstrengend. Die Schafschur findet in einem *shearing-room* statt. Der große Schuppen aus Wellblech wird von der Sonne aufgeheizt, und die Luft darin ist sehr stickig. Der *shearer* nimmt ein Schaf zwischen die Beine und beugt sich darüber. Schnell und geschickt schert er es mit seinem Rasierapparat. In weniger als vier Minuten hat er das Schaf von der Wolle befreit, das nun nackt und ohne Schrammen von dannen zieht. Nach der Schur wird die Wolle der Schafe auf der Wollbörse verkauft. Stuarts Vater hofft, dass er einen guten Preis dafür erzielt. Die Menschen der *sheep stations* decken 70 Prozent des weltweiten Bedarfs an Wolle. Der Großteil der Wollproduktion wird ins Ausland exportiert, vor allem nach Japan, China und in einige europäische Länder. Zurück in Melbourne war Lachlan so begeistert, dass er seine Eltern fragte, wann er wieder zu Stuart gehen könnte. »Nächsten Sommer?«

Liang lebt in Sydney, der größten Stadt Australiens

Der dreizehnjährige Liang ist chinesischer Abstammung. Er lebt in Sydney, der mit über vier Millionen Einwohnern größten Stadt Australiens. Die Lage der Stadt ist einmalig. Sie liegt am Ufer des Pazifischen Ozeans und ist eingerahmt von den Blauen Bergen, den *Blue Mountains*. Das Gebirge erhielt seinen Namen von der bläulichen Färbung des Nebels, die von den Eukalyptusbäumen hervorgerufen wird. Sie wachsen in großer Zahl im Gebirge.

Chinatown

Liang lebt in Chinatown. Seine Eltern betreiben dort einen Laden. Es ist das größte chinesische Viertel des Landes und zeigt beispielhaft, wie groß der Einfluss der asiatischen Kultur in Australien ist.

Wenn man durch die Straßen mit ihren Laternen und den dicht gedrängten Verkaufsständen geht, kommt man sich vor, als wäre man in Asien. Durch das *paifang*, das traditionelle chinesische Tor, betritt man das Herz des Viertels mit seinen traditionellen Apotheken, den Souvenirläden – auch Liangs Eltern führen einen solchen Laden – und seinen chinesischen Restaurants. Die Australier lieben die chinesische Küche, die in den letzten 20 Jahren die australische Gastronomie stark beeinflusste. Lange Zeit glich die australische Küche der traditionellen englischen Küche. Es gab Braten mit Kartoffeln, *corned beef*, *meat pies* (warme Fleischpasteten mit Tomatensoße), *sausage rolls* (Würstchen im Blätterteigmantel) oder *meat loaf* (Hackbraten). Heute sagt man spaßeshalber, dass es inzwischen in jedem Dorf ein chinesisches Restaurant gibt – was wahrscheinlich

四海一家
除在警
性。
拾
歐洲迪
遊客

fast der Wahrheit entspricht! Am Rand von Chinatown liegt der *Chinese Garden of Friendship*, der »chinesische Garten der Freundschaft«. Liang geht gerne dorthin, wenn er etwas Ruhe finden will. Der wunderschöne Garten war ein Geschenk der südchinesischen Stadt Guangzhou (auch Kanton genannt). Das ist die Partnerstadt von Sydney in China. Es ist einer der wenigen öffentlichen chinesischen Gärten außerhalb Chinas. Das Geschenk ist Ausdruck der guten freundschaftlichen und wirtschaftlichen Beziehungen zwischen den beiden Ländern.

Ozeanien und Asien: zwei benachbarte Kontinente

Obwohl die beiden Kontinente Nachbarn sind, standen die Beziehungen zwischen ihnen und Australien nicht immer zum Besten.

Dabei sind die Bindungen zu Asien und Ozeanien sehr alt. Lange vor der Ankunft des englischen Kapitäns Cook im Jahr 1770 fanden regelmäßige Tauschgeschäfte zwischen den Aborigines Nordaustraliens und den Fischern in Indonesien statt. Im 19. Jahrhundert ließen sich viele Menschen aus Asien in Australien nieder. Sie wurden Perlenfischer im Norden des Landes oder Kaufleute. Doch erst nach 1850 in der Zeit des großen Goldrauschs kamen Chinesen in großer Zahl ins Land. Damals war jeder zehnte Einwanderer Asiate.

Die Asiaten arbeiteten hart und in Gruppen. Dadurch waren sie sehr effektiv und wurden wegen ihres Erfolges schon bald von den anderen *diggers* (Goldgräbern) angefeindet. Es kam zu heftigen Aufständen und Protesten gegen die Chinesen.

In allen großen Städten gibt es ein chinesisches Viertel.

Schließlich verabschiedete die australische Regierung im Jahr 1901 ein Gesetz, das die Einwanderung farbiger Menschen, einschließlich der Asiaten, verbot. Das diskriminierende Gesetz mit dem Namen *Keep Australia White* (»Australien soll weiß bleiben«) wurde erst 1973 abgeschafft. Das war die Zeit, in der Liangs Eltern nach Australien einwanderten. Wie viele ihrer Landsleute arbeiteten sie hart und bauten für sich und ihre Kinder eine Zukunft auf. Dabei wahrten sie aber die Traditionen ihres Ursprungslandes. Die Asiaten haben heute einen Anteil von sieben Prozent an der australischen Bevölkerung. Die Zahl der Einwanderer asiatischen Ursprungs wird bald die Zahl der europäischen Einwanderer übersteigen.

Chinese sein in der Hauptstadt

Liangs Familie hält fest zusammen und führt die Traditionen ihres Ursprungslandes fort – sowohl die Religion (Buddhismus) als auch Essen und Sprache sind davon stark beeinflusst.

Zu Hause wird kantonesisch gesprochen. Das ist eine chinesische Sprache, die aus einer Provinz im Süden Chinas stammt. Liang geht in die staatliche Schule seines Viertels. Seine Lieblingsfächer sind Sport, Musik und Naturwissenschaften. Er ist ein guter Klavierspieler. Doch er hat nicht das Talent und den Eifer seiner Schwester Hui-ling, die eine ausgezeichnete Violinistin ist. Sie bestand vor Kurzem die Aufnahmeprüfung und darf nächstes Jahr im Jugendorchester der Oper von Sydney, dem *Sydney Youth* Orchestra, spielen. Das ist eine besondere Auszeichnung für Hui-ling, denn sie wird dort eine hervorragende Ausbildung genießen. Zudem finden die Proben in der wunderschönen Oper von Sydney statt. Im *Sydney Opera House* gibt es mehrere Säle. Der größte Saal besitzt 2690 Plätze. Das Gebäude ist berühmt. Sein Bau begann 1959 und dauerte 14 Jahre. Das Bauwerk des dänischen Architekten Jørn Utzon erinnert an riesige geblähte Segel, die in der Mitte der Bucht von Sydney treiben. Liang und Hui-ling laufen manchmal bis zu *Mrs Macquarie's Chair*, einem großen Felsen. Er hat die Form einer

Bank und liegt direkt neben dem botanischen Garten. Von dort hat man einen wunderbaren Blick auf das Opera House mit der *Sydney Harbour Bridge* im Hintergrund, der größten Bogenbrücke der Welt. Es ist eine der schönsten Postkartenansichten Sydneys.

Das Schwimmen

Liang liebt den Ozean und den Wassersport. Fünfmal in der Woche geht Liang um fünf Uhr morgens ins Schwimmbad seines Viertels und schwimmt mindestens eine Stunde. Unter den wachsamen Augen seines Trainers zieht er seine Bahnen. Schwimmen ist in Australien eine bedeutende Sportart. Denn die Mehrheit der Bevölkerung lebt nicht weit vom Meer entfernt. Die Australier behaupten sogar, sie hätten das Kraulen erfunden. Das Land brachte eine Reihe großer Schwimmstars wie Murray Rose, Dawn Fraser und in neuerer Zeit Ian Thorpe hervor, den man wegen seiner Geschwindigkeit auch Torpedo nannte. Zwischen 1998 und 2006 gewann er fünf olympische Titel und elf Goldmedaillen bei Weltmeisterschaften. Liang bewundert diesen großen Schwimmer sehr. Doch er will nicht in seine Fußstapfen treten.

Sein Lieblingssport ist Wellenreiten, auch Surfen genannt. Die Polynesier brachten den Sport zu Beginn des 20. Jahrhunderts nach Australien. Heute hat er im Land einen hohen Stellenwert. Immer wenn Liang Zeit hat, trifft er seine Freunde am Bondi Beach, einem der berühmtesten Strände Australiens. Bei jedem Wetter und zu jeder Jahreszeit streift Liang seinen Anzug *(wetsuit)* über, schnappt sich sein Brett *(board)* und macht Jagd auf Wellen. Sein Hobby ist jedoch riskant. Die Wellen können mehrere Meter hoch werden und lebensgefährlich sein. Hinzu kommen die starken Strömungen, die die Surfer weit hinaus aufs Meer tragen können. Man muss sich auch vor den *bluebottles* in Acht nehmen, den kleinen Quallen, deren Stiche fürchterlich brennen. Der Biss der *blue-ringed-octopuses* (blau geringelte Kraken) kann sogar lebensbedrohlich sein. Und dann sind da noch die berühmten weißen Haie. Viele Strände werden mit Netzen geschützt, die ihr Eindringen verhindern. Einige Surfer sind jedoch unvorsichtig und ver-

Der Surfer muss sehr geschickt sein, damit er ein »tube« oder eine »pipeline« richtig erwischt.

lassen die geschützten Bereiche. Sie schwimmen weit aufs Meer hinaus, wo es die besten Wellen gibt. Menschen werden jedoch nur selten von Haien angegriffen: im Durchschnitt sechsmal pro Jahr.

Ein Rettungs-schwimmer werden

Liang will seine Begeisterung für das Meer ausleben und schmiedet bereits jetzt Pläne für die Zukunft. Noch vor seinem 18. Geburtstag will er das Abzeichen als Rettungsschwimmer machen.

Die Australier gehen zum Baden und Entspannen gerne an einen der vielen schönen Strände an der Küste. Dabei werden sie von ehrenamtlichen *surf lifesavers* überwacht. Diese sitzen auf ihrem Ausguck und suchen den Horizont nach unvorsichtigen Badegästen ab. Man erkennt sie leicht an der bunten Badekleidung und Kappe (in den Farben ihres Clubs) und an ihrem Rettungsring. Liang kann seinen 15. Geburtstag kaum erwarten. Denn dann kann er endlich Mitglied in einem Rettungsschwimmverein werden. Dazu muss er körperlich fit sein und 400 Meter in weniger als neun Minuten schwimmen können. Jeder Rettungsschwimmer erhält eine sorgfältige Ausbildung, unter anderem auch in Erster Hilfe. Die *lifesavers* sind Teil der australischen Kultur. Vor einigen Jahren wurde sogar ein sportlicher Wettkampf ins Leben gerufen, bei dem die verschiedenen Tätigkeiten der Rettungsschwimmer im Mittelpunkt stehen. Der Wettbewerb namens *Ironmen* (»Männer aus Eisen«) ist sehr beliebt und wird im Fernsehen übertragen. Die Teilnehmer müssen im offenen Meer schwimmen, eine Strecke im Kajak fahren und einen anstrengenden Sprint im Sand absolvieren.

Die Drachenbootrennen

In einigen Jahren würde Liang gerne Paddler in einer der Drachenbootmannschaften sein, die an richtigen Rennen teilnehmen.

Der chinesische Wassersport, dessen Anfänge über 2000 Jahre zurückliegen, kam erst vor ungefähr 20 Jahren nach Australien. Die Boote sind etwa zwölf Meter lang. Den Bug ziert ein sorgfältig gearbeiteter Drachenkopf, das Heck ein Drachenschwanz. Im Boot sitzen 22 Personen: 20 Paddler (zehn auf jeder Bootsseite), ein Trommler und ein Steuermann. Der Trommler sitzt vorne im Boot und gibt mit seiner Trommel den Schlagtakt für die Paddler an. Der Steuermann sitzt hinten im Boot und weist den Paddlern die Richtung. In Sydney findet das größte Drachenbootrennen während des chinesischen Neujahrfests statt. Das Rennen wurde ursprünglich zu Ehren des Dichters Qu Yuan veranstaltet. Er ertränkte sich im Fluss Miluo und protestierte damit gegen die Korruption in zu seiner Zeit (278 v. Chr.).

Die Drachenbootrennen erfreuen sich zunehmender Beliebtheit in Australien.

Das Paddeln in Drachenbooten ist ein sehr anstrengender Sport. Man benötigt viel Kraft und Ausdauer und auch Teamgeist. In Liangs Übungsmannschaft sind Australier unterschiedlichster Abstammung: Engländer, Griechen und Chinesen.

Die wunderbare Welt des Meeres

Seit er mit seinem Schwimmclub eine Reise in den Norden des Landes nach Cairns unternahm, ist in Liang eine große Leidenschaft für das *Great Barrier Reef* oder Große Barriereriff entbrannt.

Nach der Reise beschloss er, später Meeresforscher zu werden und sich für die Erhaltung des Korallenriffs einzusetzen. Liang gerät jedes Mal ins Schwärmen, wenn er von dem »achten Weltwunder« erzählt, wie er das Große Barriereriff nennt: Es erstreckt sich auf einer Länge von 2200 Kilometern von der Torres-Straße im Norden Australiens bis nach Gladstone auf Höhe des Südlichen Wendekreises. Über 600 Inseln reihen sich hier aneinander, die zum Teil eine natürliche Barriere zwischen Festland und Pazifischem Ozean bilden. 1770 lief James Cook mit seinem Schiff an einem der Korallenriffe auf Grund. Das geschah auf Höhe der Stadt im Norden des

Das Große Barriereriff beherbergt eine Vielfalt von Pflanzen und Tieren.

Landes, die man dann Cooktown nannte. Das Korallenriff entstand nach und nach im Lauf von zehntausenden von Jahren. Den Grundstock für das Korallenriff legten Milliarden von winzigen Polypen, die im warmen Wasser Australiens die ideale Umgebung fanden, um sich zu entwickeln.

Auf seiner Reise durfte Liang auch am Korallenriff tauchen gehen. So konnte er den Meeresgrund des Pazifischen Ozeans aus der Nähe betrachten. Er war vom Reichtum der Tier- und Pflanzenwelt völlig begeistert. Im warmen Wasser des Großen Barriereriffs leben über 2000 Fischarten und eine Vielzahl von harten und weichen Korallentieren. Hinzu kommen über 500 verschiedene Arten von Algen, Schwämmen, Schalentieren, Seeigeln und Seesternen. Liang machte viele Unterwasserfotografien von bunten Fischen wie dem Clownfisch, dem Schmetterlingsfisch oder dem Pinzettfisch. Er nahm auch die riesigen Muränen und die winzigen Zwerggrundeln auf. Die Korallen selbst sind sehr farbenprächtig und wunderschön anzusehen. Die Große Krustenanemone zum Beispiel, die ihre Tentakeln nur nachts für die Nahrungsaufnahme öffnet, leuchtet in gelb-braunen Farben. Die Fächerkorallen formen fein verzweigte orangefarbene Gebilde. Diese faszinierende Welt ist in klares türkisfarbenes Wasser getaucht. Liang wurde eines Tages bange, als er sich plötzlich Auge in Auge mit einem *wobbegong* wiederfand. Das ist eine der 100 Haiarten, die es in Australien gibt. Dieser Hai ist für den Menschen theoretisch ungefährlich und greift nur an, wenn er provoziert wird. Nicht wie sein Verwandter, der Weiße Hai, der wegen der tödlichen Angriffe auf Schwimmer gefürchtet ist. Er lebt jedoch überwiegend im offenen Meer, kann sich aber auch mal in die Gewässer des Großen Barriereriffs verirren.

Das Große Barriereriff

Das Große Barriereriff stellt eine Welt voller Wunder dar. Es wurde von der UNESCO zum Weltnaturerbe erklärt. Der Schutz des Korallenriffs ist daher sehr wichtig.

Das Große Barriereriff bezeichnet man als das größte Lebewesen der Welt, doch es ist sehr empfindlich. Für seinen Schutz muss viel getan werden.

Das Große Barriereriff, das manch einer auch als größtes Lebewesen der Welt bezeichnet, ist außerordentlich empfindlich: Es dauert tausende von Jahren, bis ein kaputtes Stück Korallenriff wieder seine ursprüngliche Form erreicht hat. Dem Riff drohen jedoch Gefahren. Seit einigen Jahren wird das Korallenriff von einem Seestern namens »Dornenkrone« heimgesucht, der sich von Korallenpolypen ernährt. Die größte Gefahr für dieses einmalige Riff ist jedoch der Mensch. Die Massen von Touristen, die jedes Jahr am Korallenriff tauchen gehen, der industrielle Fischfang, die Umweltverschmutzung und die Folgen des Klimawandels beschleunigen die Zerstörung des Riffs. Einigen Wissenschaftlern zufolge werden im Jahr 2050 nur fünf Prozent des Riffs überlebt haben, wenn nichts getan wird. Angesichts dieser Gefahr vergrößerte die australische Regierung die Schutzgebiete. Auch erließ sie strengere Gesetze gegen die Verschmutzung des Meeres und die Überfischung der Gewässer. Liang hofft, dass die Schutzmaßnahmen erfolgreich sein werden. Denn auch in Zukunft sollen alle Kinder der Welt dieses Wunder der Natur wie er bestaunen können.

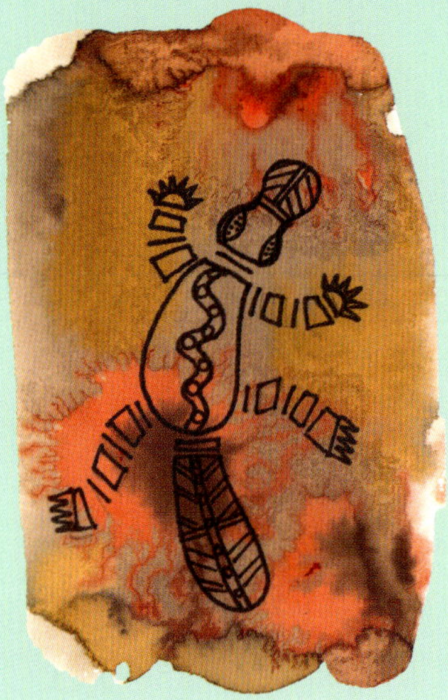

Inhalt

Bildnachweis

Umschlag: © Leplat Véronique/Grand Tour/Corbis
S. 4–5 © Bettmann/Corbis
S. 6–7 © Lyn Balzer et Tony Perkins – Oliver Strewe/Getty Images
S. 10–11 © Penny Tweedie/Corbis
S. 14–15 © Penny Tweedie/Corbis
S. 22–23 © Gonzalo Azumendi/Age Fotostock/Hoa-Qui
S. 26–27 © Jan Butchofsky-Houser/Corbis
S. 32–33 © Dave G. Houser/Corbis
S. 36–37 © John Carnemolla/Corbis
S. 42–43 © Sean Davey/Corbis
S. 46–47 © Antoine

Bibliografische Information Der Deutschen Nationalbibliothek
Die Deutsche Nationalbibliothek verzeichnet diese Publikation in der Deutschen Nationalbibliografie; detaillierte bibliografische Daten sind im Internet unter http://dnb.d-nb.de abrufbar.

Titel der Originalausgabe:
Enfants d'ailleurs – Tinnkiri, Lachlan et Liang vivent en Australie
Erschienen bei Éditions de La Martinière SA, Paris 2008

Deutsche Erstausgabe

Ein Unternehmen der La Martinière Groupe

Gestaltung: Élisabeth Ferté
Umschlaggestaltung: Gudrun Bürgin
Satz: satz & repro Grieb, München
Druck: Pollina, Luçon
Printed in France - n° L48800

ISBN 978-3-86873-003-6

www.knesebeck-verlag.de

eat